Siente calaveras covidarias y un poema post-neogótico

Fer de la Cruz

D. R. © 2022 Fer de la Cruz

Manuscrito inédito de 2020, revisión 2022

Diseño Editorial
Masiel M. Corona Santo

Corrección de estilo
Fer de la Cruz

Ilustraciones: Fer de la Cruz
ISBN: 979-8-218-08771-5

Impreso y hecho en Estados Unidos.

Siete calaveras covidarias y un poema post-neogótico

Fer de la Cruz

EDITORIAL
RAÍCES

Rancho Cucamonga,
California

ÍNDICE

NOTA INICIAL

Desde 1587, el Vaticano contó con la figura del procurador fiscal (un clérigo doctor en derecho canónico) cuya labor consistía en cuestionar e investigar todo argumento o documentación presentado como evidencia de la presunta santidad de cualquier candidato a beatificación o canonización. Recibía el título de promotor de la fe (o *Promotor Fidei*), pero popularmente era llamado "**abogado del diablo**" (*advocatus diaboli*).

Cuatro siglos más tarde, en 1983, el Papa Juan Pablo II abolió este oficio y procedió con una política populista de canonizaciones y beatificaciones masivas. Libre de la figura del procurador fiscal, durante su papado realizó 483 canonizaciones y 1,300 beatificaciones.

Este libro da fe de siete nuevas propuestas ficcionadas en verso para la gloria de Dios.

El autor

"Son todos unas víboras. ¡Estamos de vuelta con los Borgia!"
Michael Corleone. *El padrino*, parte III

Obró sobre los querubes
nuestro López Obrador
y se limpió con las nubes
en la viña del Señor.

San Andrés Manuel, patrono del amor

"porque Dios es amor" (1 Juan 4, 8)

Hay obispos en México,
acaso alguno que otro,
que han creído estar atestiguando
la concreción política de aquel Juan 4, 8
y aquella tan hermosa teología
de la liberación
que ya iba siendo cuatri-transformada
en discursos de inspiración mesiánica
cada mañana como epifanía.
Proponen que se inicie, por decreto del Papa,
la canonización del hoy difunto
presidente Andrés Manuel,
ascendido a los cielos
tras multitudinario voto de ángeles y arcángeles,
luego de sucumbir ante el coronavirus
por el humano olvido
de portar sus *detentes* milagrosos
y estampitas protectoras,
antes de dar sus pródigos abrazos
a los pobres electores infectados.

En vida, no cesó de hacer campaña
a favor de los abrazos, pese a todo,
pues el amor del pueblo tiene que ser más fuerte
que las pandemias creadas por las hordas
del neoliberalismo reaccionario.

También hizo milagros
como la medición irrefutable
de la felicidad teniendo menos,

para que cada mexicano
viviera el goce epicúreo de la vida monástica,
y qué razón tenía
al abrirnos los ojos con sabios aforismos como:
Si tienes un zapato, ¿para qué quieres otro?
Si ya desayunaste en la mañana,
¿para qué quieres comer al mediodía?
Era santo y filósofo, ¡me canso ganso!
…sin citar el milagro de haber erradicado
la corrupción en México
mediante su palabra redentora
mañana tras mañana tras mañana
hasta hacerse verdad en su conciencia.

De ser ratificado en los altares
como nuevo patrono del amor,
sustituiría en el cargo
al pro capitalista San Valentín,
promotor del consumismo extravagante.

Ciertamente, se le acusa
de haber comprado ropa como príncipe
en la hiperlujosa y exclusiva *Casa Bijan*,
cuando era alcalde;
vamos, un pecadillo venial de juventud
no es hipocresía. Fue malinterpretado.

Sus prosélitos en ese gran país del Sol Azteca
—AMLOvers, les apodan los fifís—,
insisten, con justicia, en que AMLO no ha muerto,
porque AMLO es inmortal.

La prensa corporativa señala que, en efecto,
la hierba populista nunca muere,
pero tanto la Historia, con mayúscula,
como la hagiografía vaticana
lo absolverán ahora y por los siglos de los siglos,
y su nombre será forjado en letras de oro,
empedradas de esmeraldas y perlas y rubíes,
en el martirologio de los próceres
marxista-leninistas del siglo XXI.

There was some maniac named Trump
looking for something to hump.
A green statue he found
and, for a second round,
a white dove who now lies in a dump.

San Donaldo, patrono de los rubios

A veinticuatro horas de su fallecimiento por Covid,
los cardenales estadounidenses
de las más pías parroquias de Appalachia,
lo proponen como su candidato
para una urgente canonización,
pues ya se ha demostrado el milagro irrefutable
de alcanzar la presidencia contra todos los pronósticos
y por su alianza histórica
con el advenidizo zar del Kremlin,
su segundo milagro.

Es también tomado en cuenta
su combate infatigable
contra las herejías de nuestro tiempo
como el multilingüismo de academia,
la multiculturalidad liberalista,
las formas del amor pecaminoso
con sus identidades posmodernas,
las falacias del cambio climático
y de la Tierra esférica, entre otras.

Se argumenta, además, a favor suyo,
su quijotesca entrega en la denuncia
de oscuros invasores de *países pocilga*

que ultrajan las fronteras,

postura que defiende a pesar de haber sido

su madre —que la tuvo—

empleada doméstica inmigrada.

Sufrió difamaciones, con estoicismo férreo,

como de haber estado por la fuerza con mujeres,

¿cuándo eso fue pecado en la historia

de los príncipes?

Su anillo fue besado por jueces, senadores,

hordas de candidatos y milicias dispuestas

a revivir la Confederación

en nombre de Dios y Patria.

La prensa liberal globalizante

pone en tela de juicio la santidad del santo

y la dicha premura

en esta causa previa a los comicios;

no considera los antecedentes

en procesos relámpago de canonizaciones

de otros personajes de santidad presunta,

como aquel conocido defensor de pederastas…

En Radio Vaticano aún no se menciona
esta noble propuesta de los dichos obispos
secundada por la más poderosa y fiel devota,
una jueza asociada de la Suprema Corte
quien, con brazo extendido hacia adelante
en saludo romano, lo venera.

Se nos pasa de maduro
y termina en la composta
de un reinado tan oscuro
que hasta el culo se le agosta.

San Nicolás pasado de Maduro

Ciudadanos feligreses defensores del pueblo
en este nuevo imperio romano bolivariano,
comandantes de la guardia pretoriana
y milicias aladas
de la defensa integral y multigrano
de todas las regiones,
yo

[índice izquierdo levantado al cielo]

tras conquistar la muerte por voluntad del pueblo
hambriento, pero siempre
con revolucionario fervor patrio,
yo
el primer combatiente
que cumplí e hice cumplir los mandamientos
de la constitución chavista
que exige la obediente sumisión absoluta
de volcanes, huracanes y de la Naturaleza entera
contra los enemigos de esta Revolución del Siglo XXI,
para lograr el viejo anhelo de la Iglesia
de que el rebaño piense lo que el pastor les diga,
yo,
recipiendario de la orden de Lenin
y de la orden de Stalin
y de la orden de Sputnik
y de la órdenes de San Kalashnikov
y de la Laika heroica
y del absolutista orden en el Caos
y del Gran Plop del Cóndor de los Andes,
yo,

tras recibir los datos oficiales
del vocero del cielo
de mi ascenso oficial hasta las áureas páginas
del santoral patriótico apostólico,
gustoso acepto

[se escucha una ovación]

pero, en primer lugar,
quisiera recordar aquellos tiempos
cuando los enemigos…

[tres horas transcurridas, que son setenta años en la Tierra]

…y en este día de júbilo,
al recibir esta dorada aureola
que luciré en la nuca para que todos sepan
que quienes están en contra
de la Revolución celestial bolivariana
están contra mí,
que no será de ellos el reino de los cielos
y yo se lo juro a este pueblo de ángeles y arcángeles
y juro por la eterna memoria
de nuestro supremo comandante
el beato Hugo Chávez,
que en lo que nos queda de muerte
al Vaticano nunca le faltará petróleo
ahora y por los siglos de los siglos.

Te quemaste, Bolsonaro
y quemaste el bosque entero.
Jugar con fuego fue caro
como fue el infierno fiero.

El patrono del Ordem e Progresso

« L'amour pour principe et l'ordre pour base; le
progrès pour but »
*Auguste Comte

El nuevo santoral está de fiesta
tras el recibimiento entre sus páginas
del mesiánico católico-evangélico
capitán Jair Messias Bolsonaro,
cuyos restos mortales ya fueron consagrados
a los cielos en pira funeraria
que entró a los records Guinnes
como la más extensa del planeta,
en lo que antes fue la Amazonía,
y hoy alberga fecundos pastizales
de productivos ranchos ganaderos.

Todo Brasil parece estar ardiendo
en un intenso carnaval patriótico;
los escuadrones de la muerte tiran
la casa por la ventana
con antorchas y balas en todas las favelas.

La jerarquía evangélica le atribuye el milagro
de haber intercedido en la indulgencia
plenaria *post mortem*
del general Augusto Pinochet,
también nuevo beato de la iglesia de Roma,
quien fue inmediatamente liberado del infierno
y, con su alma tantas veces seccionada,
ha multi reencarnado en sendos generales
de las fuerzas armadas de diversos países,

18

cada uno guiado
por su santo patrono Alfred Rosenberg,
y portando bajo el brazo su copia autografiada
de *Mein Kampf*, como manual de cabecera.

Con semejantes guías espirituales,
el mundo está más cerca de alcanzar
la anhelada jerarquía simétrica perfecta
del ideario cartesiano
positivista-socialdarwinista
con su pisca de idealismo haegeliano,
en esta nueva era del *Ordem e Progresso*,

aleluya, aleluya.

* "El amor por principio, el orden por base, el progreso por fin"

Se plantó ante todo el mundo
como ante Goliat, David.
Lo hicieron caer profundo
las ojivas del Covid.

El primer santo *millennial*, Kim Jong-un

El santoral no discrimina por edad.
Lo vemos con Jacinta, santa niña de Fátima
muerta en otra epidemia hace cien años,
o Tarsicio de Roma,
santo patrono de los monaguillos.

El joven mandatario
o Niño Héroe de Corea del Norte,
por carnoso talante,
fue población de riesgo ante el Covid
y falleció sin ver consolidado
el mandato de China
sobre las dos Coreas unificadas.

Cuentan los desertores, en la diáspora,
que por el hoy beato les sucedió el milagro
de verles crecer alas en los pies.

Hay místicos paganos que aseguran
ver la reencarnación de Caín, hijo de Adán,
que en él se ha redimido
por buscar la unidad del Sur y el Norte,
los países hermanos,
con sangre y fuego, como en tiempos bíblicos.

El papable y también canonizable
presidente de China
ha intercedido en el reconocimiento
ante Roma y Occidente
de la importancia de su vida heroica
y su arsenal nuclear.

San Donaldo, patrono de los rubios,
desde el cielo ha twiteado
que construirá su muro entre las nubes
para lograr un cielo "otra vez grande"
y no estrechar la mano de un santo no caucásico
(en cuyo lecho antes ya había retozado
cuando esto le convino,
cosa que se descarta como meras *fake news*
al igual que cualquier acusación de pederastia,
pues el máximo jefe norcoreano
era ya mayor de edad).

En tanto, el basamento de aquel muro en el cielo
ya se encuentra empedrado de buenas intenciones.

Fue dueño de tantos puertos,
fue campeón de *go*.
Nuestros futuros inciertos
del tablero eliminó.

En el tablero del mundo, el arte de la santidad

在这个标志你将征服

(IN HOC SIGNO VINCES)

Ante las dramáticas cifras a la baja
de feligreses en el mundo entero,
numerosos obispos de Oriente y Occidente
en bloque han anunciado
una solicitud otrora insólita,
acorde más que nunca a los designios del Señor
o sus representantes de visión geopolítica,
sacrosanto-pragmática:
La canonización del presidente Xi Jinping,
por cuya milagrosa conversión
podrán sumarse tantas y tantas nuevas almas
desde el materialismo de mercado
a la fe verdadera.

"Seremos nuevamente mayoría aplastante",
en entrevista dice un feligrés enardecido.

Desde sendos *Huawei* en sus bolsillos,
engrosados ampliamente por oficios del cielo,
les fue, presuntamente, revelado
a los dichos obispos firmantes
que el mandatario chino
vivió una conversión inesperada
cuando iba presidiendo un fastuoso desfile militar
en persona marchando
con la mano extendida a sus ojivas
por transmisión en vivo, vía satélite,
retransmitida a todos los canales oficiales.

Al pasar por la Puerta de la Paz Celestial,
aledaña a Tiananmén,
un rayo celestial le dio en la frente,
tumbándolo al instante
sobre pétalos de blancas y liláceas poenías
que cubrían la Avenida Chang´an,
o de la Paz Eterna.

Se han filtrado a la prensa reportes oficiales
de ceguera temporal del mandatario,
quien despertó girando inmediatas instrucciones
de contactar a Roma.

Aún no se revelan los detalles,
mas se especula que hubo mutuo acuerdo
de enviar un emisario del recién reactivado Santo Oficio
a la parroquia de Hong Kong.

Entre los corredores del Partido Comunista
se comenta la antigua admiración de Xi Jinping
por la Roma imperial de los Habsburgo
y que a menudo usaba a Carlos V
como ejemplo a seguir,
recordando su imperio —el Primer Reich—
tan vasto que en sus tierras no se ponían ni el sol ni las estrellas
y que ni las gallinas ponían sin su permiso.
Se le cita opinando que ese imperio
seguiría en plena gloria
si hubiera conocido Carlos V la estrategia planisférica del *go*.

En parroquias del mundo trasciende la pregunta
sobre milagros que se le atribuyan
a este líder hoy por todos conocido
aunque poco popular en Occidente.

En la arquidiócesis de Kuala Lumpur,
un diligente obispo ha argumentado
en contra de la vieja tradición
de exigirles milagros a los santos
o esperar de sus vidas virtudes heroicas.
"Debemos ser pragmáticos —insiste ante la prensa—
y pensar que mil trescientos millones de patriotas
ya le rendían culto a la persona del hoy canonizable,
quien puso un vasto ejército al servicio del Señor,
en seguimiento de una nueva política central
de catequización desde el Estado".

En la Plaza Tiananmen ondea un nuevo lábaro
con amarillo al asta y blanco en el batiente,
en cuya parte blanca figuran centradas las armas
de la iconografía propuesta por Beijing:
La efigie del novísimo Patrono del Comercio,
envuelto en mandorla radiada
del tipo Mastercard
como un retromoderno pantocrátor;
en la mano siniestra sujetando
una hoz y un martillo entrecruzados
en un puño sangrante;
sobre la diestra, extendida, un portacontenedores
de la *China Shipping Line*.

El Papa, desde Roma, ha comentado
que podría estar dispuesto a negociar la normativa
para iniciar las vías de canonización
en todo menos una
y lo expresa rotundo y enfático:
"A communi sensu,
il candidato deve essere morto."

Algunos de los líderes
de la Unión Europea convaleciente
han declarado apoyo al tweet del Papa.
En contraste, otros líderes mesiánicos
de varias latitudes
han transmitido en vivo sus conversiones públicas
seguidas de discursos hilarantes
sobre el peligro de la tolerancia multiconfesional
y del estado laico, entre otras herejías
que muy pronto —afirman— serán severamente
desenraizadas.

Hizo del mundo un teatrino
Vladimir titiritero,
hasta que la Parca vino
¡clic! con su corte ligero.

San Vladimir arcángel

Por milagro divino y ante su nuevo estatus,
le ha crecido la rubia cabellera
a Vladimir Putin, el nuevo arcángel.
San Donaldo hace mofa
de cómo se parece a su hija Ivanka.
Vladimir le recuerda
que fue él quien lo montó en la Casa Blanca
cuando aún su país era *grande*,
y resultó más bestia
de lo que todo el mundo imaginaba.
Trump intenta asestarle una tr*u*mpada
pero olvida que Vladimir arcángel
es campeón de judo
y de sambo.
Bloquea el fallido golpe
y lo proyecta de cabeza al suelo
(¡Fue *foul*! ¿Y?)
Su anaranjado cuerpo se desploma
sobre las duras tablas de Moisés.

Al expeler materia pestilente,
un bollo da en el rostro del joven Kim Jong-un,
quien toma su Huawei
e intenta un lanzamiento de misiles
uno para Moscú, otro para Washington,
mas su pantalla táctil
no responde a sus yemas fantasmales.
Ya todo es intangible,
excepto las durísimas tablas de la ley,
y la regla en la mano de otro arcángel
con la que le propina en el trasero

reglazo tras reglazo al joven santo.

Maduro alza la voz para decirles
que en su Revolución Bolivariana
y etcétera y etcétera...
...San Andrés Manuel irrumpe sugiriendo
que mejor todos manden besos y abrazos.
Bolsonaro, ese santo pirómano,
de puro hastío enciende las nubes del crepúsculo
mientras entona un himno falangista
aporreando una lira destemplada
con su pata de cabra.

Al avanzar las flamas,
San Vlad, el nuevo arcángel vampiresco, aprovecha el disturbio
para atender cuestiones más urgentes:
Tras su disolución tan exitosa de la OTÁN
y el desmantelamiento finamente ejecutado
de la Unión Europea,
mira a su fuerza aérea, su armada y sus ejércitos
que imparables avanzan hacia ya no solo hacia Ucrania
sino también a Armenia,
Kazajistán, Moldovia, Estonia, Georgia,
Letonia, Uzbejistán y un largo etcétera,
como siguiente paso expansionista
antes de renovar pactos con China
para invadir el resto del planeta
y derrocar a Dios.

Entre tanto, un firmamento de ojos los observan.
Se trata de las almas ascendidas, los santos no oficiales
que murieron construyendo un mejor mundo:
periodistas honestos, abogados honrados,

activistas pacíficos —mas no por eso menos asertivos—,
pedagogos auténticos,
migrantes económicos, desplazados de guerra,
uno que otro poeta no alineado,
de voz franca…
que miran compasivos a sus ejecutores
desde la vastedad de las alturas.
Comprenden que esas almas desgraciadas
habitan el infierno que en vida construyeron,
volcándose en el fango de sus actos,
creyendo los bribones merecer el Paraíso
en una fantasía pueril que a nadie engaña.

Uno de ellos, que otrora fuera Stalin,
Mussolini, Somoza, Díaz Ordaz
—o la madre superiora de mi antiguo colegio
con nombre de un famoso genocida genovés—,
recibió de la Gran Misericordia
otra oportunidad de redimirse
para salvar su alma.
Fue devuelto a la Tierra
—en una de sus múltiples posibles realidades—
en la forma de un virus
en 2019.

Lo demás es historia.

La verdadera historia de mi Muerte

"En una mansión alquilada por Lord Byron [...] se reúnen por azar con el gran poeta su colega Percy Bysshe Shelley, [...] su novia Mary [...] y John William Polidori, médico de Byron y aprendiz de escritor [...] nada ha perdurado de lo que los artistas consagrados escribieron esa noche y, entre tanto, como en un aquelarre hecho de frío, cenizas, miedo y erotismo, Polidori alumbró al Vampiro y Mary, a Frankenstein".

P. Unamuno (*La noche que nació Frankenstein*, periódico *El mundo*)

"Pasé el verano de 1816 en los alrededores de Ginebra. La temporada era fría y lluviosa, y por las noches nos agrupábamos en torno a la chimenea. Ocasionalmente nos divertíamos con historias alemanas de fantasmas, que casualmente caían en nuestras manos".

Mary Shelley (prólogo de *Frankenstein*, 1918)

"...de una persona que aparentemente no tenía nada en común con los demás mortales..."

John William Polidori (*El vampiro*, 1819)

Despierto con las uñas contra la cabellera

en medio de un recóndito grito sobre el vacío:

¡Polidori no ha muerto! ¡Polidori no ha muerto!

...que repito y reitero, sin saber desde dónde

la afirmación me nace como una marejada

desde una turbonada en mis sábanas acuosas.

Es real la tormenta, los truenos y la noche,

y las nubes que eclipsan la vasta luna llena,

y las rojas cortinas que danzan con el ímpetu

de silbos, traqueteos y vidrios lagrimantes.

Polidori no ha muerto y en mi ventana acecha

con un ojo de vidrio incrustado en cada gota.

Esa noche de junio del "año sin verano",

Polidori narraba su historia verdadera,

elidiendo detalles como nombres y fechas,

sembrando su semilla maligna en cada línea.

Lord Byron fue el primero en descubrir su secreto.

Poco tiempo más tarde, se encontró su cadáver

con las venas y arterias vacías. Se comenta

que la sangría implacable se la aplicó su médico,

John William Polidori, ¡que a la fecha no ha muerto!

Por artes de la vida o por burlas de la muerte

me alcanzan los tentáculos grises del pasado.

Maldigo la memoria con que doy testimonio

de horrores soterrados dos siglos en el tiempo.

Que los cielos se apiaden de mi alma pasajera

y, por misericordia, el olvido me libere,

mas, hoy por hoy, no hay rezo ni cruz ni escapulario

que disipe mi fobia de espejo ante otro espejo.

Hace catorce vidas, yo también fui poeta

y saboreé las mieles de la fama y la gloria.

Recibí mil laureles, probé sendas delicias

de la era moderna embistiendo a toda vela.

Los nobles ideales de poeta aristócrata

fueron tan excitantes y yo, tan presuntuoso.

Peleé junto a los justos en una independencia,
caminé los senderos de aquel mar entre nubes,
y estuve allí, en Ginebra, cuando John Polidori
escribió su relato terrible y verdadero.
Lo aplaudí como todos, lo celebré en reseñas
como una obra maestra de horrores ficcionados,
sin saber que era él quien causaba borrascas
y muertes en el pueblo por pretendida anemia.

Tras un usual paseo por la campiña etolia,
se iluminó el crepúsculo bañándola de fuego.
Oí un leve crujido y un gemido angustiante
a unos pasos apenas del pacífico sendero.
Allí estaba mi "amigo", en macabra faena
devorando la sangre de algún aldeano griego.
En la sombra brillaron sus ojos ambarinos
que, al verme, congelaron mis tuétanos pulsantes.
En menos de un latido, sentí su aliento fétido
sobre mi cuello virgen de sables de ultratumba.
Al minuto siguiente, estaba ya en mi alcoba
y sus yemas heladas me cerraban los ojos.

En noches como ésta, me despierta el recuerdo.
La frente se me perla y cada gota que resbala
es un puñal ardiente, un colmillo, un escalpelo.
Presiento su mirada en el aire que respiro,

ese rictus plateado que las sombras dibujan
y su aliento fangoso moviendo las cortinas.
Mis uñas ya revientan mi cuero cabelludo
y escurren los rubíes que delatan la vida.
Polidori me busca. Polidori me encuentra.
Polidori me acecha y aunque nadie me cree:

¡Polidori no ha muerto!

Made in the USA
Columbia, SC
28 October 2022

70125080R00022